WUNDER DES LICHTS

W0095165

WHITE EAGLE

Wunder des Lichts

Über das Woher, Wohin und
Warum des Menschen

AQUAMARIN VERLAG

Titel des englischen Originals:
»MORNING LIGHT« on the spiritual path

© Copyright der Originalausgabe 1957
The White Eagle Publishing Trust 1979
Liss, Hampshire, GU 33 7 HY, England

Übersetzt von Walter Ohr und Gerti Schmid-Curtius

6. Auflage 1990

© Aquamarin Verlag
Voglherd 1 · D-8018 Grafing

Druck und Bindung: Ebner Ulm
Herstellung: P & P Lichtsatz GmbH, Grafing

ISBN 3-922936-13-X

INHALT

VORWORT

Die nachstehende Definition der Entstehung und Arbeit der «Weißen Bruderschaft» entnehmen wir dem Rosenkreuzer-Schrifttum:

«Zu allen Zeiten, von Jahrhundert zu Jahrhundert, von Rasse zu Rasse war es das Privileg der Bruderschaft, das geheime Erbe, die alte Weisheit, die innere Wahrheit, welche Gott und die Natur den Menschen offenbarten, weiter zu geben. Hier wurden die geheimen Methoden zur Entfaltung der geistigen und physischen Persönlichkeit einzelner Menschen, die Rituale, Gesetze, Prinzipien und Methoden der Selbstdisziplin gepflegt und gefördert. Hier wurden auch die Früchte der Erfahrungen gesammelt, die Lösungen von Lebensproblemen angestrebt und die großen Wahrheiten entdeckt. Hier wurde die kleine Schar der Auserwählten geschult.

Immer waren es die Wenigen, in allen Ländern, allen Rassen und zu allen Zeiten, die jenes Erbe schützten. Diese Wenigen waren unter verschiedenen Namen bekannt, wie die Essener, die Therapeuten, die Tempelritter, die Hermetischen Brüder, die Alchemisten und die Martinisten. Sie gründeten geheime Logen, in denen sie unter mannigfachen Namen und Symbolen ihr Wissen an ihre Schüler weitergaben. Das Werk der Großen Weißen Bruderschaft wurde bis zum heutigen Tag fortgesetzt. Die Kulturgeschichte jeder Zivilisation läßt das Wertvolle und Gute erkennen, das aus diesen geheimen Schulen hervorgegangen ist. Stets waren diese Schulen tolerant in ihren religiösen und politischen

Ansichten, frei von Intrigen und dem Dienst an der Menschheit zur Ehre Gottes treu ergeben.»

Die Weiße Bruderschaft existiert auf beiden Seiten des Schleiers, in beiden Welten, der physischen und der geistigen. Diejenigen, die auf der Erde Pionierarbeit leisten, erhalten ihre Kraft und Inspiration von den unsichtbaren Sphären. Aus diesen Sphären stammt der Inhalt dieses Büchleins. Die Mitteilungen gelangten durch eine geistige Persönlichkeit, die unter dem Namen White Eagle bekannt ist, zu einer Hörerschaft, die sich aus Schülern der Geisteswissenschaft zusammensetzte. (White Eagle, der Weiße Adler, ist das Symbol von Johannes, dem Jünger Christi.) Der Inhalt dieses Büchleins ist nur ein Bruchteil von der Weisheit und Wahrheit, die von ihm über Jahre an die Schüler weitergegeben wurde. White Eagles Worte stammen aus einer höheren Bewußtseinsebene. Mrs. Grace Cooke stellte ihm während nahezu eines halben Jahrhunderts ihre Medialität zur Verfügung. Er spricht mit überzeugender Autorität, aber voll Freundlichkeit und Demut. Das gedruckte Wort ist nicht imstande, mehr als einen schwachen Schimmer seiner sanften, strahlenden und machtvollen Persönlichkeit wiederzuspiegeln, deren bloße Gegenwart allein schon Segen bedeutet.

I.

MORGENROT

Wir kommen aus der geistigen Welt, aus dem geistigen Leben, einem Leben jenseits des Todes, um euch eine Botschaft zu vermitteln, die euch geistige Hilfe bringt, tröstet und heilt und eurem Herzen Frieden schenkt, eine Botschaft, die einige der Probleme lösen kann, die euch heutzutage verwirren. Die äußere Welt ist chaotisch, und des Menschen Seele ist durch Furcht, Mißtrauen, Ärger und Groll aufgewühlt. Der Mensch kann auf seine Probleme keine Antwort finden. Statt aus der Quelle absoluter Wahrheit zu schöpfen, versucht er alle Fragen mit seinem intellektuellen Verstand zu beantworten oder auf der materiellen Ebene des Lebens zu lösen.

Der «göttliche Verstand» (divine mind) gibt die Antwort auf jedes menschliche Problem, und wenn der Mensch sich emporschwingen und mit diesem «göttlichen Verstand» in Kontakt kommen kann, erhält er die Führung, nach der er sich sehnt. Wir sind gekommen, um euch hierbei zu helfen und euch so den Weg zur besten Lösung eurer Probleme zu zeigen.

Immer wieder betonen wir, dass der Mensch sowohl eine innere geistige Existenz als auch ein äußeres weltliches Leben hat. Es ist absolut notwendig, daß der Mensch diesen geistigen Teil seiner Existenz entdeckt und entfaltet. Es gibt viele geistige Schulen, doch nur *eine* zentrale Wahrheit, wobei alle Erkenntnisse nur ein Teil dieser Wahrheit sind. Diese zentrale Wahrheit ist reiner Geist. Ihr habt diesen reinen Geist in eurem eigenen Wesen und ihr seid hier auf Erden, um euer geistiges Selbst zu entwickeln. Dieses geistige Selbst ist in Tat und Wahrheit der Sohn Gottes, das Christuswesen, das unter vielen Hüllen physischer, mentaler und emotionaler Art verborgen liegt.

Versteht ihr nicht, daß in *euch* etwas viel schöneres, herrlicheres und kostbareres liegt, als sich der Mensch je ausdenken könnte? Gelegentlich hört ihr von Wundern, die durch Heilige oder Weise geschehen. In ihnen offenbart sich die Strahlkraft des göttlichen Lebens. Ihr versinkt in Anbetung, ohne jenen Großen je näher zu kommen. Von ferne betet ihr sie an, anstatt euch aufzumachen, um an der Vervollkommnung eures eigenen Charakters und eurer Seele zu arbeiten, so daß diese geläutert werde, damit der göttliche Geist durch euch zum Wohl der Mitmenschen leuchten kann. Dies ist doch der ganze Sinn und Zweck eures Lebens.

Wir haben oft gesagt, daß der Mensch immer versucht, alle Probleme seiner Epoche durch rein materielle Erwägungen zu lösen. Aus diesem Grunde ist er mit Angst, Angst um sich und Angst vor seinen Mitmenschen, erfüllt. Im neuen Zeitalter, dem Wassermann-Zeitalter, in das der Mensch eingetreten ist, wird sowohl seine geistige als auch seine materielle Seite gefördert. Eine Anzahl Seelen sind bereits inkarniert, die bewußt oder unbewußt Pioniere des neuen Zeitalters sein werden.

Seid euch bewußt, daß ihr, auch wenn euch euer Leben noch so unbedeutend erscheint, eine ganz bestimmte Mission oder Aufgabe zu erfüllen habt. Ihr seid ja zu einem bestimmten Zweck auf die Erde gekommen, nicht nur um euer eigenes göttliches Bewußtsein zu entwickeln, sondern auch um dem neuen Zeitalter als Pioniere zu dienen.

Wenn ihr wahrhaft eurem Nächsten dient und euch nicht allzu sehr um euer *eigenes* Wachstum und eure *eigene* Entfaltung sorgt, entwickelt ihr ganz automatisch euren Charakter und eure innewohnende Göttlichkeit. Und hat die Seele einmal gelernt das geistige Gesetz anzuerkennen und ihm zu gehorchen, wird sie auf dem geistigen Pfad gehen, der für sie schon vorbereitet und offen ist. So ergeht es allen Pionieren des Geistes, obwohl viele von ihnen harte Zeiten durchmachen, denn sie müssen oft notgedrungen in Einsamkeit wirken, um den vielen Brüdern der Großen Weißen Bruderschaft, die demnächst inkarniert werden, die Wege zu ebnen. Auch Engelwesen werden näher kommen und die Menschen werden mit Engeln «wandeln und reden». Doch seid euch bewußt – es braucht einen Engel, um einen Engel zu erkennen und einen Gott, um einen Gott zu erkennen. Bis also der Mensch die notwendigen guten Eigenschaften in sich entwickelt hat, ist ihm die Gegenwart eines Engels oder eines göttlichen Wesens nicht bewußt.

Willst du auf persönliche oder weltweite Probleme eine Antwort erhalten, dann übe die Kunst des Stillewerdens, so still und ruhig wie die Fläche eines Sees, den kein Windhauch kräuselt. Dieser See ist deine Seele. Ist diese ruhig und hast du den Willen Gottes in dir klar erkannt, kannst du das Spiegelbild der Wahrheit ohne Verzerrung auf dem Wasser des Sees, der deine Seele oder Psyche symbolisiert, erkennen. «Sei still und wisse, daß ich Gott bin.» Wenn der Mensch mit Gott allein ist, spricht Gott mit ihm. Dann erst sieht der Mensch, wie klar sich die Wahrheit in seiner eigenen Seele spiegelt. Wenn er aber den göttlichen Willen nicht annimmt, nicht bittet, daß der Wille Gottes geschehe, sondern eigenwillig ist, oder eine Antwort sucht, die den eigenen Wünschen entspricht, dann ist diese Antwort verzerrt, denn in ihm ist kein Friede, der See seiner Seele ist nicht ruhig.

Die Seele des Menschen ist wie ein wunderbares Instrument. Sie ist mit einem Radioempfänger vergleichbar, den der Mensch auf viele Sender einstellen kann, sei es auf die niedere Astralwelt mit ihren Wünschen und Nöten, sei es auf die Sphären, wo alles Leben ein Ausdruck der Schönheit Gottes ist, oder wenn er es wünscht, sogar auf andere Planeten des Sonnensystems. Dem Menschen wurden Schwingen gegeben, doch er muß noch lernen sie auszubreiten, um damit in Welten von unermeßlicher Schönheit zu gelangen.

In euren Gebeten und Meditationen könnt ihr

eine Schwingung der Reinheit erreichen, die ihr in euren Herzen als Güte und Liebe empfindet. Solch ein reines Gefühl hängt nicht vom Besitz eines machtvollen und gut ausgerüsteten Intellektes ab, sondern von einer reinen, andauernden Freude, die aus dem Herzen kommt. Jeder Sohn, jede Tochter des lebendigen Gottes sollte *freudig* leben. Wenn ihr diese unsere Worte überprüft, werdet ihr finden, daß sie tiefgründig wahr sind. Nehmt als Beispiel euer eigenes Leben. Hättet ihr das Geheimnis der Freude besser erfaßt, hättet ihr in eurem Leben diese reine Freude erkannt und sorgfältig behütet, wie anders wären heute eure Gefühle und eure geistige Einstellung.

Denkt an den unendlich großen Segen, welcher der Menschheit durch eine Seele erwächst, die in Freude und reiner Güte, ohne selbstsüchtige Gedanken, leben kann. Das Ideal ist natürlich, das Richtige zu tun, weil ihr das Richtige liebt, und weil die Freude, der lebendige Geist in euch, gar nicht anders kann, als sich in gütiger Liebe auszudrücken.

Habt ihr je daran gedacht, daß lediglich die gütigen Eigenschaften des Einzelnen die Zukunft der Rasse sichern? Wäre keine Liebe in der Welt, gäbe es keine Zukunft für die Menschheit. Der Mann oder die Frau, die zielstrebig und glücklich lebt um Gutes zu tun und gut zu sein, hinterläßt ungeborenen Generationen ein großes Geschenk. Wir anerkennen jedoch, daß es nicht leicht ist Gutes zu tun oder gar gut zu sein um des Guten willen. Glaubt uns bitte, daß wir nicht predigen, sondern lediglich versuchen wollen, einen gewissen Gedankengang zu verfolgen, den wir euch klar machen möchten. Immer und immer wieder sagen wir, daß ihr, wenn Freude und Gelassenheit in euch sind und ihr Güte und Freundlichkeit in jeder Tat, ja im ganzen Leben ausdrückt, euern Beitrag am Glück der gesamten Menschheit gar nicht ermessen könnt.

Das Leben Jesu veranschaulicht dies am besten. Könntet ihr doch über sein Leben mehr Einzelheiten erfahren, die Einfachheit und Demut dieses Lebens, das Ausstrahlen seines weißmagischen Lichtes, das hilft und heilt, begreifen, ihr würdet ein für allemal verstehen, daß nur Freude und Liebe jene magische Kraft auslösen können. Jedes ähnlich gelebte Leben strahlt naturgemäß unaufhörlich eine göttliche Schwingung aus.

Diese Tatsache ist auch durch andere Lehrer demonstriert worden. Die wahren Yogis des Ostens haben ebenfalls die Quelle allen wahren Glücks und das Geheimnis eines reicheren Lebens entdeckt. Der immerwährende Dienst, den sie der Menschheit leisten, erscheint ihnen nicht als Mühsal, sondern ist ein spontanes und andauerndes Verströmen göttlichen Lichtes.

Des Menschen großer Abstieg

Der Mensch befindet sich auf einer wunderbaren Reise. Ein gutes Stück seines Weges hat er bereits zurückgelegt. Er ist aus der Mitte der Gottheit als unbewußter, jedoch mit göttlichen Möglichkeiten begabter Funke hervorgegangen, durch dem heutigen Menschen unsichtbare Sphären herabgestiegen – abwärts und abwärts – indem seine Seele immer dichtere und schwerere Gewänder annahm, bis er sich heute im dichtesten und schwersten Gewand, das er je haben wird, befindet. So ist er jetzt nicht nur in einem Körper schweren Fleisches, sondern auch in einer materiellen Welt, die ihn beinahe zu Boden drückt.

Die Substanz der Erde war, als sie in ihrer Schwingung abnahm, ebenfalls dichter geworden, sodaß des Menschen Geist und Seele und die Erde selbst den tiefsten Punkt eines absteigenden Bogens erreicht haben. Einige kühne Seelen klettern bereits wieder zur Höhe hinan. Doch viele Seelen befinden sich immer noch im Prozeß des allmählichen Abstieges oder der · Verdichtung. Diese Erkenntnis dürfte uns nachsichtiger und geduldiger gegenüber einigen unserer Mitmenschen stimmen.

Während seines Abstieges durch die verschiedenen Ebenen bewußter Existenz lebte der Mensch in Welten von unvorstellbarer Schönheit und Harmonie. Aus diesem Grunde haben sich Erzählungen und Legenden von Atlantis und noch früheren Epochen bis auf den heutigen Tag erhalten. Der Mensch bewohnte damals Körper von leichterer und feinerer Struktur als heute, und seine Seele war besinnlicher und heiterer in paradiesischen Welten. Die Menschen waren wie Kinder, die immer noch in Kontakt standen mit ihrem himmlischen VATER und sich an die elysischen Gefilde von Glück erinnerten, die sie auf ihrer langen Reise in die Tiefe der Materie verlassen hatten.

Am Anfang war der Mensch aus dem heiligsten der Heiligtümer oder dem «Schoß» der Liebe, der Weisheit und der Macht hervorgegangen. Er war damals noch eine reine, unschuldige Seele. Jetzt ist er dazu berufen, seine Schwächen zu besiegen, die Materie zu bezwingen und Versuchungen zu überwinden. Deshalb ist er hier. In diesem Zusammenhang ist die Legende von Atlas, der die Welt auf seinen Schultern trägt, immer noch von Bedeutung, denn sie illustriert die Seele des Menschen, die das ganze Gewicht der Weltlichkeit auf sich nimmt. Diese Last ist jeder Seele aufgebürdet, eine Last, die langsam zunimmt, bis die Seele auf dem tiefsten Punkt ihrer Entwicklung fast erdrückt wird. An diesem Punkt angelangt, scheint sie sich überhaupt nicht mehr an die Sphären von Schönheit und Wahrheit zu erinnern, von denen sie kam und zu welchen sie allmählich wieder aufsteigen wird.

Die heutigen Verhältnisse auf dieser Erde fordern erneut die innewohnende, göttliche Qualität in jedem Menschenwesen heraus, jene Güte und Liebe, welche den Menschen antreibt, sein Antlitz empor zu richten, um das himmlische Licht zu empfangen. Er muß erkennen, daß alle Geheimnisse des Universums in seinem eigenen Wesen verborgen liegen, tatsächlich daselbst eingesperrt sind, und nur darauf warten, von ihm befreit zu werden.

II

DAS WUNDER DES LICHTES

Ihr habt gefragt, warum Gott beschlossen hat, daß die Seele des Menschen ein Land der himmlischen Freuden verlassen muß, um in die irdische Welt abzusteigen, und warum sich diese Seele durch eigene Anstrengung die himmlische Welt zurück erkämpfen muß. Ihr meint, wenn ihr den Grund eurer Leiden und Einschränkungen erkennen würdet, gäbe euch dies neuen Auftrieb und ein Ziel.

Natürlich liegt dem Geschehen ein tiefer Sinn, ein großes Ziel, zugrunde, wenn Seelen, Geschöpfe Gottes, durch die verschiedenen Sphären bis zur dunklen Erde hinabsteigen müssen. Wenn der Mensch einen Schimmer des göttlichen Planes zur Höherentwicklung und geistigen Erziehung der Kinder Gottes – seiner selbst – erfaßt, wird er in Frieden und Geduld leben können, und dann wird seine Seele emporsteigen, um erneut den Saum des Himmels zu berühren. Wir können die große Liebe und Sorge Gottes für jedes Seiner Kinder gar nicht genug betonen, eine wunderbare, alles umfassende Liebe, die weit über allem menschlichen Verstehen liegt. Es scheint paradox, daß Gott in Seiner großen Liebe den kleinen Funken Menschenseele auf eine so lange Reise zur Erde schickt.

Doch würde die Seele nicht in die Dunkelheit der Materie hinabsteigen, würde sie sich kaum ihrer selbst, noch ihrer latenten Kräfte bewußt, und letztlich würde sie sich auch ihres Gottes nicht bewußt werden. Dies erklärt in wenigen einfachen Worten den Sinn und Zweck jener langen Reise. Denn unter dem Druck der irdischen Dunkelheit öffnet sich die Seele allmählich, so wie der Same sich öffnet und unter dem Einfluß von Regen, Wärme und Sonnenlicht wächst. Mit anderen Worten: Der Druck, der durch das sogenannte Böse, die Widerwärtigkeiten und Belastungen auf den Samen, resp. auf die Seele ausgeübt wird, fördert das Wachstum aus dem unbewußten in den Zustand des bewußten Seins. Viele Zeitalter hindurch wächst die Seele, wird letztlich Meister über die Materie und Meister über sich selbst und wird sich der Liebe und des Lichtes ihres Gottes voll bewußt.

Was die irdische Ebene betrifft, muß die Seele ihre Schwächen, sowohl des Fleisches als auch der Emotionen, meistern. Sie muß es lernen, denn es ist für ihre Höherentwicklung erforderlich. Hat sie Selbstbemeisterung gelernt, dann endlich ist sie frei, gottbewußt und *Eins* mit dem *Vater*, auch wenn sie noch auf Erden weilt.

So seht ihr nun, daß tatsächlich ein Sinn, ein allumfassender Plan in der Hand des großen Architekten des Universums besteht, ein wunderbarer Plan, der im Aufbau und in seiner Zweckmäßigkeit bis in alle Einzelheiten reicht. Ihr müßt lernen, Geduld und Vertrauen in Gott zu haben.

Solltest du unter tatsächlichen oder scheinbaren Ungerechtigkeiten leiden, versuche dich daran zu erinnern, daß des Menschen Leben durch göttliches Gesetz und göttliche Liebe geregelt wird, und daß es weder unnötiges noch mutwillig zugefügtes Leiden gibt. Es kommt dir nur so vor, als ob du ungerecht leidest, jedoch nur, solange du noch nicht genügend Hellsichtigkeit erlangt hast, durch die dir Vergangenheit und Zukunft enthüllt werden. Deshalb kannst du heute die Auswirkungen des geistigen Gesetzes, das dein Leben regelt, noch gar nicht erkennen. Du kannst auch das Spiel der unsichtbaren Kräfte, die dich beeinflussen, nicht erkennen, noch die Umweltbedingungen verstehen, in welche du – ein Juwel aus des *Vaters* Krone – hineingeboren worden bist.

Niemand kann seiner Ernte, sei es Freude oder Schmerz, entfliehen. Der Mensch ist wie ein Magnet und zieht das an, was ihm gebührt. Das Gesetz von Ursache und Wirkung ist unausweichlich. In anderen Worten: Die Gedankenbilder, die er dauernd in sich erschafft, verdichten sich zu den Umweltbedingungen, in denen er zu leben hat.

Weil das Leben durch ein Gesetz geregelt wird, das einfach, wahr und vollkommen ist, kann es Ungerechtigkeit nicht geben. Das magst du anzweifeln, doch wenn du die Dinge in klarerer Perspektive siehst, wirst du erkennen, daß jedes Geschehen in deinem Leben deine Seele beeinflußt und deinen Charakter entfaltet, und daß alles in dir zusammen wirkt, um den «vollkommenen Sohn Gottes» zu erschaffen. Aus der Asche des alten Lebens erhebt sich das neue Leben. Das ist die Bedeutung des Phönix-Symbols. Der mythische Vogel Phönix wurde in früherer Symbolik der «weiße Adler» genannt.

Der vollkommene Mensch, die Meisterseele, ist ein wunderbares und herrliches Wesen. Du bist jenes Wesen im Embryonalzustand. Vielleicht, wenn du dir dies vergegenwärtigst, erscheint dir dein Leben als Mensch sehr lebenswert.

Wunder

Ihr habt des öfteren über die Wunder nachgedacht, die Jesus und andere Eingeweihte vollbrachten und ihr werdet wahrscheinlich zugeben, daß gewisse Vorkommnisse in eurem eigenen Leben auch als Wunder bezeichnet werden können. Es ist wahr, Wunder geschehen immer noch, warum auch nicht? Wie es am Anfang war, ist es auch jetzt und wird immer so sein. Diese sogenannten Wunder sind Manifestationen der Macht des Lichtes. Wenn ihr besser verstehen werdet, wie das göttliche Licht durch die Finsternis wirkt und dann diese beherrscht, werdet ihr begreifen, wie und warum Wunder geschehen.

Ein Eingeweihter, einer, der sich des inneren Lichtes voll bewußt geworden ist, erreicht im Laufe der Zeit eine Stufe, auf der er außerhalb der einschränkenden Macht der Materie steht. Er hat dann die Freiheit und die Möglichkeit, den feineren Stoffen und den vier Elementen Feuer, Wasser, Luft und Erde zu gebieten. Um dies zu illustrieren, verweisen wir auf das alte Testament, in dem geschildert wird, wie drei Propheten durch Feuer gingen. Auch heute noch gibt es Männer aus dem Osten, die über glühende Kohlen gehen können, ohne ihre Füße zu versengen. Der Materialist denkt an einen Trick. Der besser Informierte sagt, es sei Selbsthypnose, nichts aber täuscht über die Tatsache hinweg, daß alle diese Männer vom Feuer unbeschädigt blieben. Die Erklärung, die wir vorderhand geben, ist, daß der Wundertäter einen Grad der Meisterschaft erlangt hat, der es ihm erlaubt, die Atome seines Körpers zu transmutieren oder ihre Schwingung so zu steigern, daß sie durch Hitze unbeeinflußbar geworden sind.

Diese Erklärung gilt auch für das Gehen auf dem Wasser, das Jesus demonstrierte. Nicht nur, daß er selber dies tat, er war auch imstande, Petrus' Schwingung so zu erhöhen, daß dieser ebenfalls auf dem Wasser gehen konnte. Doch ihr wißt, daß in dem Moment, da des Jüngers Glaube wankte, er zu sinken begann und seinen Meister um Rettung anrief. Der Meister hatte einen Grad geistiger Erkenntnis erreicht, in dem er seinen Körper aus Licht bestehend empfand und nicht aus fester Materie, wie die meisten Menschen ihren Körper empfinden. Während er diesen Gedanken konsequent festhielt, wurde sein Körper so leicht, daß er auf dem Wasser gehen konnte.

Die Beförderung eines Eingeweihten von einem

Ort zum anderen durch scheinbar mysteriöse Kräfte ist im Osten nicht selten. Ein solches und ähnliche Phänomene wurden auch in London vor einer Anzahl Augenzeugen demonstriert. Ihr könnt dies mit eurem äußeren Verstand nur schwer begreifen. So ihr aber einmal euer Bewußtsein höheren Ebenen des Lebens zuwendet, werdet ihr das Gesetz verstehen, das einen Eingeweihten befähigt, seinen Körper auf diese Weise dorthin zu bringen, wohin er will.

Des Menschen Leib hat auch die Fähigkeit, durch feste Materie hindurch zu gehen. Wir haben natürlich nicht im Sinn, die Wunder Jesu zu schmälern, wenn wir von ähnlichen Wundern sprechen, die andere Eingeweihte ebenfalls tun konnten. Er selber sagte ja: «Was ich tat, sollt auch ihr tun.» Er kam, um der Welt dieselben Lehren zu bringen, die wir so unzulänglich versuchen euch begreiflich zu machen. Alles, was die Herrlichkeit der geistigen Sonne, die durch Jesus leuchtete, vollbrachte, wird von allen Kindern Gottes getan werden können, wenn sie einmal den Ansprüchen des göttlichen Gesetzes gewachsen sind.

Wir wollen versuchen, euch dieses Gesetz in ganz einfachen Worten zu schildern. Das ganze Leben besteht aus zwei Aspekten, welche, je nach den Umständen, positiv und negativ, aufbauend und niederreißend, hell und dunkel oder gut und böse genannt werden können. Diese beiden Aspekte sind gewissermaßen Gegensätze. Jeder Mensch fühlt ihren Einfluß und reagiert auf ihre anziehenden, resp. abstoßenden Impulse. Laßt uns dies an einem

Beispiel zeigen. Euer Herz oder euer wahres Selbst glaubt an die Wahrheit und sehnt sich nach ihr, glaubt an eine himmlische Welt, an Jesus Christus und an Gottes Güte. Es akzeptiert all dies, wie es ein kleines Kind tut. Es fühlt und weiß, daß all dies wahr ist. Ein anderer Teil eures Wesens ist irdisch und zieht euch wieder hinab, sodaß euer Glaube von heute am nächsten Morgen bereits zerronnen ist.

Der ganze Sinn deines Lebens auf Erden ist, daß der Geist, euer aller Geist, in der irdischen Finsternis leuchten soll. Dein Geist ist identisch mit dem Licht, das am Anfang leuchtete. Zu Anbeginn deines Daseins warst du Licht. Das Licht schien in der Finsternis – welche dein dichter Körper auf Erden ist – und die Erde verstand es nicht. Du kennst diese Worte, doch du beziehst sie auf längst vergangene Zeiten, statt auf dein eigenes Leben. Du willst nicht begreifen, dass du in Wahrheit Licht bist, ein Kind des Lichtes. Dein physischer, wie auch dein niedriger Verstand, können dieses Licht nicht verstehen. Du, das wahre Du, bist hier zu einem ganz bestimmten Zweck, um durch Leib und Verstand hindurch zu scheinen und diese zu transmutieren, zu wandeln. Wenn der Geist Herr ist über die Materie, den Leib, dann geschehen Wunder. Wenn der Geist lernt, die physischen Atome zu meistern, ist er fähig, sich die Elemente nach seinem Willen nutzbar zu machen.

Das wird nicht durch menschliches Denken erreicht, sondern durch Bewußtseinserweiterung auf der reinen, geistigen Ebene, durch Allliebe. Das heißt nichts anderes als das Erheben oder Lebendigwerden des Christusgeistes im Menschen, welcher sagt: «Ich bin das Licht der Welt.» Und wiederum: «Am Anfang war das Wort und das Wort war bei Gott und das Wort war Gott.» Und Gott sagte: «Es werde Licht, und es ward Licht.» Licht ist geistig gesehen ein anderes Wort für Leben, für menschliches Leben, für alles Leben. Reines Licht war der Anfang aller Schöpfung. Es ist gleichzeitig auch die erhaltende Kraft aller Geschöpfe, das Fundament aller Dinge. Euer eigener Körper, mit geistigen Augen betrachtet, ist eine Gestalt, die aus Licht besteht.

Die heutige Wissenschaft hilft euch dies zu verstehen, denn sie hat entdeckt, daß die Materie eigentlich nicht kompakt ist, eine Wahrheit, die den Weisen früherer Epochen längstens bekannt war. Die Wissenschaft ist fast der Ansicht, daß physische Materie eigentlich kaum existiert. Materie ist, wie es östliche Völker nennen, Illusion oder Maya. Wenn man die physischen Atome mit ihren Elektronen und Protonen geistig betrachtet, werden um die Protonen herum Lichtelemente sichtbar. Licht scheint somit in den physischen Atomen, und ohne dieses Licht gäbe es keine Atome und keine Welt, in welcher der Mensch existieren könnte.

Hier habt ihr nun eine einfache, fundamentale Erklärung, wie und warum Wunder geschehen können. Sie geschehen, weil der Mensch dieses innere Licht zum Leuchten bringen kann. Das Licht strahlt nicht nur aus dem Herzen des Menschen, sondern durchdringt seinen irdischen Leib, die

24

Hülle seiner Seele. Es ist Teil der eigentlichen Substanz der physischen Materie. Der Eingeweihte ist durch sein Wissen um dieses innere Licht Herr über die Materie. Dieses Licht wird durch die Materie scheinen, d. h. ihre Schwingung erhöhen.

All dies mag euch jetzt noch zu hoch erscheinen, dennoch ist es euer Ziel. Natürlich sollt ihr nicht versuchen, den Härten des Lebens zu entkommen, sondern durch eben diese Härten euren Kontakt mit Gott zu festigen. Laßt Gottes Licht so euer Wesen durchfluten, daß ihr vom Dunkel zum Licht, von der Erde zum Himmel emporgehoben werdet.

Wenn ihr versuchen wolltet, durch richtiges Denken, richtiges Leben, richtiges Fühlen und Handeln eure eigenen Körperatome zu reinigen, und wenn ihr über niemanden außer euch selbst urteilen wolltet, dann würdet ihr euer Bewußtsein erweitern und ein Glück erleben, das all eure Träume übersteigt. Friede würde in euer Herz einziehen und eine sanfte, innere Macht alle krummen Wege ebnen.

Die Wundererzählungen enthalten eine tiefe esoterische Wahrheit. Sie veranschaulichen die Lehren des Meisters. Lies die Heilige Schrift. Dann beobachte mit liebendem Herzen das Leben der Menschen um dich. Betrachte die Unendlichkeit des Himmels. Liebe Gott. Suche oftmals die inneren Ebenen deines geistigen Selbst auf. Folge dem inneren Licht und dem Pfad des Geistes – und du wirst die Mysterien jenseitiger Welten begreifen und verstehen, wie Wunder geschehen.

III.

LEBENSPENDENDE SONNE

Wir werden viel über Eigenschaften und Natur des Lichtes zu sagen haben. Unter «Licht» verstehen wir den Christus in des Menschen Herzen, der sich in gottähnlichen Eigenschaften äußert wie Sanftmut, Geduld, Hoffnung, Vertrauen, Vergebung, intuitive Sympathie zu anderen, Zurückhaltung, Nachsicht und durch die Eigenschaft reiner Liebe, aus welcher alle diese ihren Ursprung haben. Deshalb sagen wir – Liebe ist Licht und Licht ist Liebe.

In früheren Epochen pflanzten wir unsere Feldfrüchte in Übereinstimmung mit dem Licht und baten um den Segen des Großen Göttlichen Geistes, ehe wir säten. Wir lenkten Licht in die Erdscholle und wenn die heutige Menschheit lernt, dies wiederum zu tun, wird sie viel bessere Ernten für Leib und Seele erzielen.

In der damaligen Zeit waren sich die Menschen dieser Tatsache wohl bewußt. Sie wußten, daß Licht und Liebe Machtfaktoren im Land sein können. Sie versammelten sich, entweder in kleinen Gruppen oder zu großen Zeremonien, um das Licht zu verehren. Ursprünglich wurden sie von den Gottmenschen belehrt, die gekommen waren, um ihre jüngeren Brüder in diesen Dingen zu unterweisen. Die damaligen Menschen lernten, daß das Licht, welches ihre Wege erleuchtete, eine Schöp-

26

fung der Güte Gottes sei, und daß dieses Licht ihnen letztlich den Heimweg zu Gott ermöglichen würde.

Vor den Zeremonien umschritten sie ihre Tempel in rhythmischem Schritt und mit sakralem Gesang. Immer waren diese Tempel auf einem flachen Grundstück oder auf der Kuppe eines Hügels errichtet worden. Die ganze Nacht hindurch schritten sie so unter freiem, sternenübersätem Himmel unter sichtbaren wie unsichtbaren Planeten einher, welche in unserem Sonnensystem kreisen und den Menschen von heute noch unbekannt sind. Alle wußten, daß diese Zeremonien von Engelwesen des Lichtes geleitet wurden und vielen waren diese Wesen sichtbar. Beim ersten Dämmern des Morgens kam eine große Stille über die Menge. Beim Erscheinen der Sonne wandten sich alle dem Licht entgegen. Sie beteten zum Großen Göttlichen Geist, lobten und priesen ihn und dankten für den neuen Tag der Gnade und des Segens.

Wieviele Menschen würden heute Zeit erübrigen, um sich für das Erlebnis des Sonnenaufgangs zu versammeln? Wieviele könnten die himmlischen Scharen sehen, die bei Sonnenaufgang anwesend sind, wie auch die vielen Erleuchteten, die kommen, um die Erdenmenschen zu segnen? Nur wenige, denken wir. Doch damals begriffen die Menschen, daß sie zu dieser Stunde an das Geheimnis der Schöpfung rührten und in ihr eigenes Wesen eine Strahlung des Sonnenlogos aufnahmen, durch die sie gestärkt und gereinigt wurden. Sie *atmeten* das Licht förmlich in sich ein, die Lebenskraft, die den

27

Menschen durchstrahlte, reinigte und vervollkommnete. Die Menschen bewohnten damals Körper von feinerer Schwingung als die heutigen Menschen, sie standen den Naturkräften und der «Großen Mutter» näher und waren dem Licht und den Geisteskräften offener.

Was ist mit dem Ausspruch gemeint «ein Mensch trägt das Licht in sich»? Wie muß er sein? Sicherlich wie ein Sohn Gottes. Je nach dem Grade seines Verstehens ist er Gott treu. Der, der das Licht in sich trägt, muß ein wahrheitsgetreuer Mensch sein. Er muß der Wahrheit treu sein, weil er klar sieht. Er sieht die Wahrheit weder verzerrt noch verschleiert. Er geht direkt zur Quelle und erkennt dadurch immer wieder neue Aspekte der Wahrheit.

Jetzt verstehen wir, daß «Licht» ein anderes Wort für Wahrheit ist. Durch die Jahrtausende hat Gott die Menschen nie ohne einen Zeugen gelassen. Über die Jahrtausende hat Gott Seine Boten zu den Menschen gesandt, um ihnen die Wahrheit zu verkünden. Deshalb finden wir in allen Völkern und Rassen, vergangenen und gegenwärtigen, etwas von der Lehre über das Licht. Kenntnisse hiervon hatten die Hyperboräer, die Völker der Anden, die Polynesier, die alten Ägypter und die Menschen im fernen Osten, bis zu jenen der frühchristlichen Epoche.

«Laßt das Licht leuchten», war der Ruf des ägyptischen Hohepriesters. «Laßt uns die Feuer zünden», war die Anrufung der Hohepriester in den Anden. In Atlantis ertönte dieselbe Anrufung, «Laßt das Licht leuchten», wenn die Priester der großen Sonnentempel den Gottesdienst eröffneten. In den Tempeln Griechenlands erschallte derselbe Ruf. Hier oblag es den Tempeljungfrauen oder Vestalinnen, die Flamme auf dem Altar zu hüten, das Wahrzeichen der Sonne. Wenn diese Flamme je einmal erlosch, wurden sie mit dem Tode bestraft.

Später kam dann der Sonnenlogos oder der Christus, der durch die Lippen Jesu die Worte sprach: «Ich bin das Licht der Welt.»

Das Christuslicht

Die Anfangsworte des Johannesevangeliums lauten: «Das Licht leuchtet in der Finsternis, doch die Finsternis hat es nicht begriffen.» Wenige halten inne und meditieren über den Sinn dieses Ausspruchs. Am Anfang der Schöpfung sagte Gott: «Es werde Licht» und aus der Dunkelheit ward Licht. Jeder Mensch wird schicksalshaft letztlich volles Verstehen für Gott erlangen und mit seinem ganzen Wesen in Gottes Licht sein.

Wenn ihr das ausgetragene Gewand, den sterblichen Körper des Menschen, durch Feuer bestattet, so bewirkt diese Verbrennung des Leibes eine Veränderung der Atome oder in anderen Worten, die Befreiung des Lichtes, das von der Dunkelheit in den Atomen des Leibes gefangen gehalten war. In der Tat, der Tod, den der Mensch fürchtet, ist in Wahrheit eine Form der Einweihung kleineren oder größeren Grades, und durch den Tod dringt ein großes Licht in die Seele ein.

Meine Freunde, wir bitten euch, das Hinübergleiten einer Seele von ihrem Körpergefängnis in ein reicheres Leben niemals als etwas zu betrachten, das gefürchtet werden müßte. Nach dem Gesetz Gottes und wenn die Zeit gekommen ist, geht die Seele weiter, nicht um ihre Identität zu verlieren, sondern um ein größeres Gottesbewußtsein und ein größeres Verständnis des ewigen Lichtes zu erlangen. (Das Wort «Seele» versteht sich als der eigentliche Mensch, das eigentliche «Ich» der Gefühle, der Sympathien und Antipathien, der Interessen, der Zuneigungen, der Erinnerungen, der Empfindungen – in einem Wort – «wir selber», die wir inwendig im äußeren Menschen wohnen und durch seine Augen schauen, mit seiner Zunge reden und mit seinem Gehirn denken. Es ist dieses «Selbst», das den Tod überlebt und in ein helleres Licht schreitet.)

Wenn ein Mensch die Natur des Lichtes zu begreifen beginnt und wenn er die Strahlung des Lichtes aufnehmen kann, wird sein Christusbewußtsein stimuliert. Ein solcher Mensch braucht nicht überintellektuell oder besonders klug zu sein, um auf das Licht anzusprechen. Einfach und liebevoll soll er sein, weiter nichts.

So wie ein Mensch liebevolle Freundschaft zum Nächsten empfindet oder das Leben selber liebt, so wie es sich ihm in der Schönheit eines jeden Tages bietet, so wird sein Licht scheinen, weil der Christus in ihm leuchtet. Liebe, derart zum Ausdruck gebracht, zieht das Licht Christi an die Seele heran, sodaß die wahrhaft liebende Seele strahlend wird.

Versucht einen Augenblick über das Antlitz, die

Gestalt, die Erscheinung, ja die ganze Natur von Jesus dem Christus nachzudenken. Wir stellen nicht in Abrede, daß andere Weltlehrer existierten, die das Licht Christi in großem Maße zum Ausdruck brachten, doch wir möchten euch den großen Erlöser des Christentums, Jesus den Christus, besonders nahe bringen. Seht in ihm die Göttlichkeit des Herrn, die Reinheit und Schönheit des Christusgeistes. Seht, wie Jesus die ganze Herrlichkeit der Christusliebe zum Ausdruck brachte, denn die Christusliebe ist Licht.

Dann versucht euch für einen Augenblick vorzustellen, wie es im Himmel ist. Versucht euch den Himmel nach eurer eigenen Idee auszumalen. Versucht euch einen Daseinszustand auszudenken, der dauernd von goldenem Licht durchstrahlt ist. Schaut in diesem himmlischen Daseinszustand engelgleiche oder menschliche Wesen. Sie alle sehen so aus, als wären sie von innen her erleuchtet, denn sie strahlen Licht aus. Woher kommt es, daß Geister, die von einer Himmelswelt kommen, stets als Lichtwesen erscheinen? Warum ist dieser Himmel so von Licht durchstrahlt? Weil in Wirklichkeit das Leben Licht ist.

Dann lest in eurer Bibel über die Engelerscheinungen bei Propheten und Heiligen. War nicht Paulus von einem hellen Licht getroffen und dadurch gründlich gewandelt worden? In strahlendes Licht gehüllte Engel betreuten Petrus. Jesus zog sich einmal mit drei Jüngern auf einen Hügel zurück, wo er, samt seiner Kleidung, durch die Herrlichkeit des Lichtes verklärt wurde.

Diese Begebenheiten wurden uns von ehrlichen, wahrheitsliebenden Männern berichtet. Sie ereigneten sich erst gestern, denn 2000 Jahre sind kurz im Vergleich zur Geschichte der Menschheit. Glaubt ihr diese Dinge? Sie geschehen heute noch und werden immer wieder geschehen, weil hinter allen physischen Formen eine geistige Lebenskraft steht, die als Licht in Erscheinung tritt.

Immer und immer wieder sagen wir: *Licht ist Leben* und *Leben ist Licht.*

Um Licht in sich zu speichern, muß der Mensch *lieben.* Blicke auf irgend einen deiner Bekannten, der liebend und freundlich ist, und du wirst erkennen, daß Licht durch ihn leuchtet. Erforsche, ob du Liebe in anderen Gesichtern siehst, auch in den unwahrscheinlichsten. Ein Mensch, der nicht liebt, ist von Selbstmitleid erfüllt. Das schließt den Vorhang seiner Seele und sein Antlitz erscheint düster, denn sein Licht ist eingedämmt, verdeckt. Daher – lasse dein Licht leuchten! Sende das Licht aus! Gehe durchs Leben in liebender Haltung, und dein Licht wird wahrlich hell sein.

Das Geheimnis vollkommener Gesundheit

Weißt du, daß die Lebenskraft, die aus dem Licht stammt und durch deine Adern pulst, das Geheimnis der vollkommenen Gesundheit ist? In der Tat, ein Mangel an Licht heißt, es fehlt an gewissen Elementen im Blut, was allmählich zur Erkrankung und zum Zusammenbruch führt. Jesus kannte dieses Geheimnis. Er wußte, wie die göttliche Strahlkraft empfangen werden kann. Er mußte nicht einmal den Körper eines kranken Menschen berühren, um Licht in dessen Leib zu senden, denn er hatte die Begrenzung von Zeit und Raum überwunden. Als der römische Hauptmann zu Jesus kam und um Heilung für seinen Knecht bat, hatte Jesus bereits seine Aura erweitert und den kranken Mann geheilt, indem er ihn mit der Schwingung des Lichtes durchdrang. Mit anderen Worten gesagt, er sandte Licht in das Dunkel und löste die Dunkelheit auf.

Licht durchflutet auch die Substanz der Erde. Ihr meint, daß eure Erde dunkel und tot sei, doch in der Substanz der Erde, in ihrer physikalischen Materie, ist Licht. Die eigentliche Erscheinungsform Gottes ist Licht. Und dieses Licht ist Träger des physischen Lebens im Körper des Menschen und verleiht seiner Seele ewiges Leben. Deshalb ist der wahre Sinn des Lebens, das Licht zu entdecken und sich seiner zu bedienen und so zu einer Sonne oder zu einem Sohne Gottes zuwerden. Jetzt denkst du vielleicht, daß du noch einen sehr langen Weg gehen mußt. Das müssen wir alle. Aber wir, die wir zu euch sprechen, haben *gesehen*. Wir wissen, daß Leben im Wesentlichen Licht ist. Und vollkommenes Leben ist die Herrlichkeit Gottes.

Sei geduldig. Schaue vorwärts und nie zurück. Wende dein Antlitz dem Lichte entgegen und gehe beharrlich, geduldig und vertrauensvoll deines Weges. In dem Masse, in dem du Licht oder Liebe aussendest, wirst du Licht empfangen. Sei hoffnungsvoll und nicht bedrückt. Wenn du traurig oder leidend bist, dann beten wir, daß du ein Zeichen der Kraft des Lichtes und der Liebe Gottes erhältst, so daß Wunder geschehen, sowohl in deinem Körper, als auch in deinen Lebensumständen. Das Gesetz ist dies: Gott hat Seine Söhne und Töchter so erschaffen, daß *sie selber* das Licht freisetzen müssen, ehe es *in* ihnen und in ihrem täglichen Leben wirksam werden kann.

Bleibe stets im Licht. Es vertreibt jeglichen Schatten und macht dich frei. Solche Freiheit heißt Frieden, Glück, Freude und ein Überfluß von allem, was du brauchst. Die Zeit wird kommen, da der Mensch fähig ist, die Einwirkung des Lichtes auf die Materie zu steuern und er wird dies selbstlos, zum Guten aller, tun.

IV.

LICHT IST LEBEN

Denkt oft über diese Dinge nach. Die Bibel versichert uns, daß Gott den Menschen nach Seinem Ebenbild erschuf. Das ist tatsächlich so. Sogar mit seinem heute noch begrenzten Verstand kann der Mensch Gott erkennen, als allmächtig, allweise und allgegenwärtig. Jeder einzelne von euch hat schon Beweise von göttlicher Liebe und weiser Führung erhalten, die euch von der Existenz einer intelligenten und liebenden Macht überzeugten.

Manchmal allerdings hat diese Macht euch in Situationen geführt, die unangenehm sind, und ihr leidet, weil ihr der Ansicht seid, die Dinge seien falsch gelaufen und nichts, das ihr euch wünschtet, wäre eingetroffen. Doch wenn ihr ein wenig weiser geworden seid, werdet ihr die Dinge anders sehen. Ihr wißt dann, daß Gottes Gesetze gerecht und vollkommen sind und daß alles, was in eurem äußeren Leben geschieht, wie unerwünscht es auch zu sein scheint, stets einen ausgleichenden Segen mit sich bringt.

Wenn du von einer Situation befreit wurdest, an welche du dich festklammertest, dann ist es so, wie wenn eine Mutter ihrem Kind ein gefährliches Spielzeug wegnimmt. Das Kind fängt an zu schreien, doch die weise Mutter sagt: «Nein mein Kind, hier ist etwas anderes» und sie gibt ihm ein geeigneteres Spielzeug. Wende dieses Beispiel auf dein eigenes Leben an und du wirst im Laufe der Zeit den Wert des Annehmens einsehen. Versuche das, was geschieht, hinzunehmen, wissend, daß Gott weise ist in allem was ER gibt, und sogar besonders weise, wenn ER dir etwas vorenthält oder wegnimmt. Der Kernpunkt ist, daß die Menschenseele, welche sich entfaltet und an Gottesbewußtsein zunimmt, eigentlich gar nichts verlieren kann. Lediglich ihr begrenztes Bewußtsein hindert sie an der Erkenntnis, dass *alles da und alles gegenwärtig ist.*

Menschen, die viel Zeit im Gebet oder in der Meditation zubringen, werden zuweilen von den Mitmenschen mißverstanden, weil diese der Ansicht sind, aktiv zu sein sei besser als beten. Wohl ist es wahr, zur rechten Zeit handeln ist richtig. Doch jede Tat sollte aus der Meditation und dem Gebet hervorgehen und niemals aus emotioneller Spannung.

Die älteren Brüder

Wir wollen euch einiges über die älteren Brüder erzählen, die in den Höhen leben. Unter «Höhe» verstehen wir sowohl eine Erhöhung des Bewußtseins, als auch einsame Berggegenden der Erde. Diese älteren Brüder haben eine Stufe geistiger Erkenntnis erreicht, auf der sie in engem Kontakt mit dem ewigen Geist Gottes stehen. Von dieser Stufe aus arbeiten sie unermüdlich an der geistigen Entwicklung und Entfaltung der Menschheit. In ihrem Einklang mit Gott ist ihr Seelenbewußtsein derart erweitert, daß sie mit allem menschlichen Leben in Kontakt stehen und in diesem erhobenen Zustand werden sie zu Boten zwischen dem Schöpfer und Seinen Geschöpfen.

Sie behalten ihre physische Gestalt als Mann oder Frau. Da sie durch die verschiedensten Stufen menschlicher Erfahrung hindurchgegangen sind, haben sie großes Verständnis für die elementarsten Nöte eines jeden menschlichen Wesens. Sie sind ganz Liebe und Verstehen. Sie sind niemals allzu streng, noch üben sie Zwang aus. Sie lassen ihren jüngeren Brüdern die vollständig freie Wahl. Sie beten unaufhörlich zu Gott und in dieser Anbetung strahlen sie Licht und Liebe über die ganze Menschheit aus. Die Mehrheit der Menschen hat keine Ahnung von dem Einfluß, der durch die Strahlkraft jener Großen ausgeübt wird. Trotzdem ist dieser Einfluß dauernd da, und so wirken die älteren Brüder ununterbrochen für dich und die ganze Menschheit.

Sie sind nie hastig und verurteilen niemanden. Junge Seelen sind allzu rasch in ihrem Urteil, doch die älteren Brüder sind geduldig, denn sie wissen, wie langsam die geistige Höherentwicklung der Kinder Gottes vor sich geht. Sie erwarten von niemandem zu viel. Diese älteren Brüder stehen der Menschheit sehr nahe. Sobald ein Mensch lernt das göttliche Gesetz anzuwenden und danach zu handeln, wird sein Seelenkanal dem Einströmen des Christuslichtes weit geöffnet.

Immer wieder wird gefragt, ob bald ein neuer Weltlehrer kommen würde, doch ihr wißt, daß nur *einer* der *erhabene* Sohn des Lichtes ist. Die Christen nennen ihn Jesus Christus. Durch Jesus von Nazareth schien einst das Licht. Durch andere Eingeweihte wird dasselbe Licht eines Tages scheinen, jedoch auf einer höheren Spirale, einem höheren Lebenszyklus.

Ihr werdet euch wahrscheinlich fragen, ob der Weltlehrer von der Kirche und vom Volk erkannt und angenommen wird, wenn er kommt. Das fragen wir uns auch, denn das ist gar nicht immer der Fall. Erst aus einer gewissen Distanz, oft erst nach Jahrhunderten findet ein Weltlehrer Anerkennung. Wir müssen uns stets vor Augen halten, daß es nicht auf die *Person* des Weltlehrers ankommt, sondern auf die Strahlung des Christuslichtes, das durch sie scheint. Im Laufe der Zeit wird sich die Menschheit wundern und wird beginnen, ihn zu verehren, wenn sie die Kraft und den Einfluß erkennt, die durch sein Leben in die Welt strahlt, besonders wenn sie die Weisheit seiner Lehre begreifen wird.

In der heutigen Zeit kommt der Weltlehrer den Menschen sehr nahe. Er bringt All-Liebe und All-Weisheit. Seine große Kraft und seine Liebe werden die feinstofflichen Körper des Menschen stimulieren. Dieser Einfluß ist jetzt schon auf Erden spürbar. Daher entsteht so manche internationale Schwierigkeit, mancherlei Umbruch und bittere

Konfrontation verschiedener Ideologien. Eine Nation möchte dies und eine andere jenes tun, so daß sich die Menschheit aufführt wie Kinder in der Kinderstube. Die Menschen reagieren auf die Stimulation durch dieses große geistige Licht auf verschiedene Weise, weshalb, das ist ihnen unverständlich. Sie fühlen einen außerordentlichen Drang vorwärts zu stoßen, sich durchzusetzen. Sie haben den Wunsch, Bruderschaft in primitivster Form zu verwirklichen. Hinter all diesen unreifen Formen von Unrast und Aufruhr wirken die Impulse, die von dem kommenden Licht des Weltlehrers ausgehen.

Ihr dürft ihn euch nicht als Einzelperson vorstellen. Während himmlisches Licht und himmlische Macht durch ihn wirken, bleibt das Einströmen dieser Kräfte nicht auf seine Persönlichkeit beschränkt. Vielmehr wird diese Kraft wie Sauerteig im Brot wirken, in den Menschen den Geist anregen und die Schwingung der Erde erhöhen.

Wenn sich der Weltlehrer der Erde nähert, wird er viele Jünger mit sich bringen. Viele von diesen sind bereits hier und bereiten sein Kommen vor. Einige von euch mögen zu jenen gehören. Jünger werden gebraucht, um die Schwingung zu erhöhen, die Finsternis zu erhellen in Erwartung des Kommenden. Jeder Mensch muß sich geistig erheben, bevor er die geistige Wahrheit und deren Realität begreifen kann. Die Jünger sind schon dabei, den Weg vorzubereiten. Wenn dann die Menschen endlich bereit sind, werden sie ihre Augen erheben um das heller werdende Licht wahrzunehmen.

In bezug auf Wahrheiten, die für ihn lebenswichtig sind, hat der Mensch ein sehr schwaches Gedächtnis, das öfters der Auffrischung bedarf. Ihr vergeßt oft das Ziel und den Pfad, auf den ihr eure Füße gesetzt habt. Ihr vergeßt außerdem, daß ihr viel mehr seid, als nur physischer Körper und Gemüt (mind), und daß ihr nicht sterben werdet, niemals sterben könnt. Ihr werdet nicht einmal wissen, wann euer eigener Tod stattfindet, denn wenn ihr euren Körper verlaßt, werdet ihr finden, daß ihr derselbe Mensch seid wie zuvor. Das Königreich des Himmels ist kein weit entferntes Land in welches ihr eingeht, sobald ihr euren Körper abgelegt habt. Es ist in euch – *hier* und *jetzt*. Ihr seid hier auf Erden, eingehüllt in Materie, um euch durch eure Anstrengung das Werkzeug anzueignen, das ihr benötigt, um den Weg zu ebnen, der euch in jenes herrliche Reich bringt. Das kann nur durch eure eigene Anstrengung und durch eure geistige Entfaltung erreicht werden.

Es ist euch gesagt worden, daß, wenn ihr wahrhaft an Jesus Christus glaubt, dieser euch erlösen wird. Das stimmt, *doch nicht ohne eure Mitarbeit, eure Anstrengung, euer Einwirken auf euch selbst und eure Umgebung.* Wurde euch nicht gesagt, was ein Mensch sät, das wird er ernten? Eure Gedanken, Worte und Taten sind die Samen, die ihr tagtäglich, ein ganzes Leben lang sät. Das Resultat dieser Aussaat ist gewiß und unausweichlich. Wir wollen weder predigen, noch irgend jemanden er-

40

schrecken. Wir vermitteln euch ganz einfach die Wahrheit, die ihr leicht nachprüfen könnt. Wenn die Dinge für euch schwierig werden, und ihr erlaubt es euch, euch darüber aufzuregen, dann erscheint das Leben sehr unangenehm. Wenn ihr euch anderseits daran halten könnt, daß die Dinge der Erde nicht so wichtig sind, werdet ihr glücklich bleiben. Seid ihr ungeduldig, so gelangt ihr in Schwierigkeiten, doch wenn ihr geduldig seid, in Ruhe auf Gott blickt und von ihm die benötigte Führung erbittet, dann ist alles gut.

Eure Gedanken und Taten sind wie Samen, deren Ernte eines Tages mit Gewißheit eingebracht wird, sowohl im Seelenbereich als auch im Bereich des Irdischen. Dies wird eure ganze Zukunft gestalten. Es ist die Auswirkung des vollkommenen Gesetzes und ist unausweichlich.

Hand in Hand mit diesem Gesetz, auch Karma genannt, geht ein ergänzendes Gesetz, das man im Osten Dharma nennt. Dharma bedeutet eine angebotene Gelegenheit. Es ist die Gelegenheit, aus allen Umständen und Gegebenheiten das Beste zu machen. Diese Lebensumstände und Umweltbedingungen bieten sich an, damit ihr euer Höchstes und Bestes gebt. Deshalb ist zusammen mit dem Gesetz von Karma, oder Ursache und Wirkung – exakt, vollkommen, gerecht und wahr – das Gesetz von Dharma verknüpft, welches Gottes Gnade bedeutet. Gott ist gewiß immer liebevoll gegen Sein Kind, doch ER verspricht nicht, daß es ohne Leid und Arbeit geht, oder daß es dem Wiedergutmachen seiner Verfehlungen aus dem Wege gehen kann. Vielmehr sagt ER: «Mein Kind, Meine Liebe ist mit dir und will dir helfen.» Gottes Liebe ist Sein Erbarmen. Gott kann alle Wunden heilen, indem ER Seinen Kindern hilft, durch ihr selbstverschuldetes Karma hindurch zu kommen. Die Gnade Gottes steht in enger Beziehung zur Gnade des Menschen. In dem Maße, in dem ein Mensch seinem Mitmenschen Gnade erweist, wird Gott *ihm* Gnade erweisen.

Wir streiften kurz die Macht Christi, Seelen zu retten. Das Licht Christi im Menschen ist tatsächlich seine einzige Rettung. Gott hat jedes Seiner Kinder mit dem Geist Christi ausgerüstet. Das ist die rettende Gnade im Leben. So rettet Christus alle, die in Unwissenheit und Sünde leben. Das göttliche Gesetz ist Liebe und das Brechen dieses Gesetzes ist Sünde. Durch Leid und Schmerzen, die aus einer solchen Gesetzesübertretung hervorgehen, nimmt der Mensch allmählich an Weisheit zu. Unkenntnis des göttlichen Gesetzes ist allerdings keine Entschuldigung für die Sünde.

Auf dem Pfad der seelischen Entfaltung ist der Dienst am Nächsten außerordentlich wichtig. Dieser Dienst kann sowohl auf der inneren, als auch auf der äußeren Ebene geleistet werden. Gott in Anbetung und Verehrung zu dienen ist notwendigerweise das erste Gesetz und das zweite heißt: liebe deinen Nächsten wie dich selbst.

Bei diesem Gedankengang erinnern wir uns der älteren Brüder, die ihr Leben in der Verehrung und Anbetung Gottes und in der Meditation verbringen. Auf diese Art helfen sie der ganzen Menschheit und verfeinern sogar die Substanz der Erde. Jedes Lebendigwerden des Geistigen im Menschen bewirkt dasselbe. Die älteren Brüder strahlen einen Einfluß aus, der langsam aber sicher beide, die Menschheit und Mutter Erde, durchdringt. Gleichermaßen dienen alle, die Gott wahrhaft verehren, der Menschheit.

Das Leben ist Gottes größtes Geschenk an den Menschen, sowie seine Fähigkeit, geistig zu wachsen und sich allmählich eines reineren Lebens bewußt zu werden, eines Lebens – so harmonisch und schön – wie es auf Erden noch nirgends zu finden ist. Dazu gehört dein Glaube an die Beeinflussung durch die Unsichtbaren, die dir stets im Geiste nahe sind, wenn du dich bereit hältst, sie zu empfangen. Mein Freund, wenn du mit ruhigem Gemüt über himmlische Dinge meditieren wolltest, würdest du den unsichtbaren Gast, den älteren Bruder oder die ältere Schwester einladen und seinen oder ihren Einfluß spüren.

Was wir euch sagen, ist wahr. Die Brüder des Lichtes wirken, um euch zu helfen. Sie sind immer mit euch. Sie lenken eure Gedanken aufwärts. Sucht zuerst nach dem Reich Gottes. Sucht zuerst den Kontakt mit dem unendlichen Geist. Bemüht euch, euren Schöpfer zu verehren und zu preisen.

Dann seid ihr ganz einfach und schlicht wie ein Kerzenlicht. Ungezählte Kerzenlichter aber, die zu Gott emporgehalten werden, vergrößern auch *Sein* Licht und *Seine* Herrlichkeit.

Ihr könnt nicht allein und für euch leben. Ihr lebt für Gott und wenn ihr wachst und gedeiht, vermehren sich Sein Licht und Seine Macht. Warum hat euch Gott ursprünglich erschaffen? Weil ER ununterbrochen Freude und Leben spendet und letztendlich Freude und Leben von Seinen Kindern zurück erhält. Welch wundervolle Möglichkeit ihr doch habt! Welch gnadenreicher Pfad öffnet sich vor euch! Oh Herr, wie wunderbar sind Deine Segnungen, wie herrlich Deine Tempel. Laßt uns eintreten, um für immer und immer anzubeten . . .

V

DIE NEBEL WEICHEN

Manchmal denkt der Mensch, daß alles Gute in dieser Welt von ihm selber herrühre. Er weiß nicht, daß sowohl der Einzelne als auch die Gesamtheit lediglich Werkzeuge sind für geistige, unsichtbare Kräfte, welche das irdische Leben durchdringen. Doch der Mensch hat eine Eigenschaft, die ihn von anderen Wesen unterscheidet, er hat einen freien Willen und das Recht, diesen anzuwenden. Er hat die Macht zu wählen. Er kann für das Gute und Schöne empfänglich sein oder diesen Dingen den Rücken kehren, indem er den selbstsüchtigen Pfad wählt und so nichts als Enttäuschung und Verwirrung erntet.

Vielleicht bezweifelst du dies. Es könnte sein, daß du heute besonders ängstlich, furchtsam, bedrückt und voller Sorgen bist. Wenn dem so ist, dann halte inne und denke nach. Versuche dir über die vergangenen Jahre Rechenschaft zu geben. Überdenke die Schwierigkeiten und Prüfungen, durch die du heil hindurch gekommen bist, und entsinne dich auch der glücklichen Zeiten. Dann vergegenwärtige dir, wie du ungefährdet durch deine Sorgen und Mühen hindurchgebracht wurdest und bedenke, wie Gott dich nie ohne Hilfe und nie allein ließ. Stets kam irgend etwas deines Weges, das die Lage verbessert hat. Sogar, wenn du nicht sagen kannst, deine materielle Lage habe sich gebessert, hast du nicht dennoch Lektionen erlernt, die dir zu Selbstbemeisterung und Seelenfrieden verholfen haben? Bist du nicht ein wenig weiser geworden? Und solltest du gar einen Verlust erlitten haben, hat sich nicht deine geistige Wesensart entwickelt und entfaltet? Zufolge deiner Schwierigkeiten, Versuchungen und Nöte ist vermehrt Licht in dich eingedrungen. Dein Wissen um göttliche Liebe, um eine führende Hand, hat sich dank der Ereignisse in der Vergangenheit erweitert.

Es wäre daher ein Fehler, je die Zukunft zu fürchten, die doch ein sich stets mehrendes Gottesbewußtsein, ein sich dauernd entfaltendes Verstehen des göttlichen Lichtes mit sich bringt. Genauso falsch ist es, den Tod zu fürchten. Es gibt keinen Tod! Das sagen wir immer wieder. Einige von euch und vielleicht die meisten sagen, daß sie dies glauben. Ihr sagt: «Oh ja, wir wissen, daß es den Tod nicht gibt», doch ihr wißt es nicht mit *genügender* Gewißheit. Tief innerlich seid ihr nicht ganz überzeugt und ihr zeigt nicht die spontane Reaktion, die ihr dem ewigen Leben gegenüber haben solltet.

Weder Tod noch Trennung

Festige in dir den Gedanken, daß des Menschen Leben grundsätzlich grenzenlos und ewig ist. Es gab nie eine Zeit, da du nicht warst und es wird nie eine Zeit geben, da du nicht sein wirst. Jetzt wirst du fragen wollen: «Werden wir denn nicht müde bei dieser nie endenden Wiederholung von Inkarnationen? Schon jetzt ist das Leben eine Last.» Genau aus diesem Grunde hat Gott das Leben im physischen Leib begrenzt. Du lebst auf Erden nur für einige kurze Jahre, du nennst es eine Inkarnation. Dann verläßt du deinen Körper, das ausgetragene Kleid, und gehst zur Erholung in deine wahre Heimat in der geistigen Welt.

Im täglichen Leben macht es dir nichts aus, von einem Haus in ein anderes zu wechseln. Vielleicht liebst du dein altes Heim, doch wenn du genug von ihm hast, bist du bereit, es zu verlassen. So kommt auch der Moment, da du einen neuen Körper haben möchtest, denn der alte hat ausgedient und den bist du müde. Gott ist gütig und erlaubt dir den Wechsel. Du wirst aus deinem bisherigen Dasein, dem du entwachsen bist, weggeholt und in ein neues Dasein versetzt.

Einmal dort angelangt, findest du ein Maß an Freiheit, das du nie zuvor gekannt hast. Dann wirst du dich im Geist erheben können, um eine Zeit intensiven Glücks zu erleben, weit entfernt von der bisherigen Unkenntnis und Beschränkung deines irdischen Daseins. Hast du dich dann genügend lange ausgeruht und die Lektion deines Erdenlebens verarbeitet, wird dein Interesse an einer neuerlichen Inkarnation erwachen und der Augenblick wird kommen, da du weiter gehst.

Wir wollen es klar und deutlich sagen: Niemand muß von denen, die er liebt, getrennt sein. Wo Liebe ist, gibt es keine Trennung. Liebe zieht Liebe

an wie ein Magnet das Eisen. Du wirst unausweichlich zu deinen Lieben hingezogen, sowohl in der
geistigen Welt, als auch dann, wenn du eine neue
Inkarnation auf dich nimmst. Das gleiche Gesetz
gilt überall.

«Wahrlich, kein Auge und kein Ohr hat die
Herrlichkeiten wahrgenommen, die Gott für Sein
Kind bereit hält.» Des Menschen begrenztes Bewußtsein hat noch nicht die Gabe, jene Herrlichkeiten zu begreifen. Er kann nicht einmal die
großen Daseinsmöglichkeiten im Tierreich und
Menschenreich erfassen, ganz abgesehen von den
subtilen ätherischen, astralen, mentalen oder himmlischen Daseinsebenen, welche die Erde umgeben
und durchdringen und die zukünftige Heimat des
Menschen sein werden.

Der Mensch erschafft sich selbst
seinen Himmel oder seine Hölle

Deine Umgebung in der jenseitigen Welt hängt
hauptsächlich davon ab, wie du zuvor auf Erden
gelebt hast. Hast du dich sinnlichen Genüssen grob
hingegeben, werden deine subtilen Körper entspre-
chend grob sein und können nicht in schönen und
vollkommenen Sphären existieren.

Mißverstehe uns nicht. Du wirst dich auf einer
astralen Ebene finden, die ganz ähnlich ist wie die
physische. Ein gütiges, gut gelebtes Leben wird im
Jenseits seinen Ausdruck in einer schönen und
freundlichen Umgebung finden. So du aber dein
Leben in grober Schwingung und groben Gelüsten
zugebracht hast, wirst du dich in ähnlichen Um-

weltbedingungen in der astralen Ebene wiederfinden und deine Rückkehr zur Erde wird relativ rasch erfolgen, um den Prozeß der Erziehung und Reinigung fortzusetzen. Im Erdenleben lernt der Mensch zwischen dem Wirklichen und dem Unwirklichen, dem Wertvollen und dem Wertlosen zu unterscheiden. Indem er lernt, zwischen den wertlosen Dingen des Lebens und den feineren Aspekten des Geistes zu unterscheiden, entwickelt er seinen Astralleib weiter, der ihn befähigen wird, Welten von großer Schönheit zu betreten.

Die bescheidenen Seelen der großen Maße, die wir um ihrer Herzenswärme willen so sehr lieben, mögen von geistigen Gesetzen nicht viel wissen. Doch sie sind freundlich zueinander und wer freundlich und gütig ist, ist selbstlos. Solche Seelen durchlaufen die niedere Astralebene rasch und in einem traumähnlichen Zustand. Dann erreichen sie eine hellere Astralebene, auf der sie ihre Freunde antreffen, sowohl die, die sie auf Erden liebten und verloren zu haben glaubten, als auch jene, die sie in früheren Leben kannten und liebten. Sie gehen in eine Welt, die man mit Fug und Recht die Ebene der Wiedervereinigung nennen kann. Diejenigen, die auf Erden zurück geblieben sind, haben ebenfalls das Recht, diese Ebene zu betreten, aber erst, wenn sie ihre Trauer und ihren Hader über den erlittenen Verlust abgelegt haben. Mit anderen Worten, nur wenn sie sich im Geiste so weit erheben können und keine niederdrückenden Emotionen sie an die Erde binden, können sie ihre Lieben erreichen.

Auf jener Ebene der Wiedervereinigung beschäftigt sich die Seele weiterhin mit ihren vielen Interessen wie Musik, Kunst, Literatur, Wissenschaften, Gartenbau und Gestaltung eines schönen Heimes, alles was sie früher zu tun liebte. Alle diese Interessen aber sind intensiver und die Freude lebhafter, weil die persönliche Ausdrucksfähigkeit erheblich größer geworden ist.

Dieser Entwicklungsgang, das Ablegen des physischen Körpers, das Durchschreiten der höheren Lebensebenen und dann, zur rechten Zeit, die Rückkehr ins Erdenleben, dauert normalerweise eine lange Zeit. Doch es muß nicht unbedingt so sein. Ein rascher Fortschritt durch die Ebenen, um ewige Freiheit zu erlangen, ist durchaus möglich. Bis aber die Seele ihre niedere Natur und ihre niederen Wünsche überwunden hat, muß sie fortfahren, irdische Leben zu durchwandern. Hat sie einmal diese Erfahrungen bewältigt, wird sie für immer frei sein.

Es gibt aber auch solche, die aus freiem Willen reinkarnieren, um der Menschheit zu helfen und zu dienen. Manche von ihnen sind bescheidene Männer und Frauen, die unscheinbar und verborgen in der Masse leben. Sie haben ihre Rolle im großen Plan. Andere sind Eingeweihte und Meister, angefeuert durch hohe Ideale. Besonders erwähnen möchten wir die Liebe und das Zartgefühl jener älteren Brüder, die denselben Pfad gingen, den die jüngeren Seelen auch gehen müssen. Sie haben großes Verständnis und verweigern keiner Seele, die sich auf dem steilen Pfad abmüht, ihre Hilfe.

Hat die Seele einmal den astralen Ort der Wiedervereinigung verlassen, um durch Sphären von
großer Schönheit, die jenseits jeglicher Beschreibung
sind, vorwärts und höher zu gelangen, ist sie bis zu
einem gewissen Grad fähig, die Liebe und Herrlichkeit Gottes zu sehen, zu fühlen und zu erkennen.
Dann erkennt sie aber gleichzeitig auch ihre eigene
Unzulänglichkeit, ihre eigene Unwürdigkeit. Diese
Erkenntnis erhält sie durch die Intensität der göttlichen Strahlung. «Näher mein Gott zu Dir, näher
zu Dir», ist nun ihr Herzenswunsch. Allmählich
wird die Sehnsucht so groß, daß sie alles tun will,
jedes Opfer bringen möchte, um dieses Verlangen
zu stillen. Dann kommt ein Lehrer zu der Seele.
«Mein Freund», sagt er, «willst du näher zum Herzen Gottes gelangen? Willst du mehr und mehr wie
Gott werden? Dann mußt du zurück zur Erde, um
noch mehr zu lernen. Das ist der einzige Weg.»

Mag sein, daß du diese Worte mit deinem äußeren Verstand nicht wahrhaben willst. Dein Intel-
lekt mag das, was wir sagen, anzweifeln oder gar
verneinen. Doch wenn du tief in dein Herz blickst,
gibt es dort keinen Zweifel. Wenn du gelernt haben
wirst, in den Tiefen deines innersten Wesens zu
suchen, wirst du wissen, daß du mehr als irgend
etwas anderes mit deinem Gott EINS sein willst
und daß Gottes Licht dich immer erreicht. Es bringt
dich zurück zur Inkarnation und es wird dich in
größere Helligkeit bringen, wenn du seiner Führung folgst. «Ich bin das Licht der Welt», sagte

Christus, als er durch den Meister Jesus sprach. «Ich bin das Licht. Ich bin das Licht, das jedem Menschen in das Königreich Gottes leuchtet.» Eines Tages wirst du dies als Ausdruck vollkommener Wahrheit annehmen.

«Du wirst getragen von den ewigen Armen Gottes.» Seltsam, wie viele Menschen von der Wohltat jener ewigen Arme nichts wissen wollen. Dennoch ist unendliche, alles einhüllende Liebe eine immer gegenwärtige Wirklichkeit. Gott ist überall und in allen Dingen. Es gibt keinen Ort, wo Gott nicht ist. Keines Menschen Herz muß Gott entbehren. Gott leidet mit dem Menschen in der Tiefe der Hölle und jubelt mit ihm im höchsten Himmel. Wird nicht berichtet, daß jedes Haar auf deinem Haupt gezählt ist und daß kein Sperling vom Dach fällt, ohne daß Gott es wüßte?

Der Himmel unserer Welt ist hoch und klar im strahlenden Licht. Laßt uns die Schatten fliehen und zu Freude, Frieden und Klarheit aufschauen. Sind wir nicht Kinder des Lichtes?

VI

KLARER GOLDENER HIMMEL

Richtiges Denken

Wir möchten, daß ihr erkennt, wie wichtig gütiges, richtiges, göttliches Denken ist. Würde diese Art des Denkens zur vorherrschenden Gewohnheit unter den Menschen werden und würden alle ernsthaft um Harmonie und gegenseitiges Vertrauen beten, dann würde den älteren Brüdern, welche die Zukunft der Menschheit planen, ungeahnt große Hilfe zufließen. Wir sind glücklich, euch sagen zu können, daß das Licht bereits einige der Schatten vertrieben hat und daß ein besseres Verstehen heranreift. Trotzdem muß noch vieles getan werden, ehe der Mensch von den Fesseln seiner Unwissenheit befreit ist. Wir alle müssen eines Geistes sein, müssen den Geist der Liebe, den Geist Christi pflegen. Das aber kann nur erreicht werden durch immerwährendes Bemühen, so zu werden, wie Gott euch schuf und wie ER wünscht, daß ihr sein sollt, Söhne und Töchter des Lichtes.

Wir sehen eine Zukunft, in der es keine Kriege mehr gibt. Wir sehen ganz neue Wege, die sich dem Menschen öffnen, eine andere Einstellung zum Leben, die man sich heute noch gar nicht vorstellen kann. Doch seid euch bewußt, daß alle sozialen, wirtschaftlichen, nationalen und internationalen

Probleme *nur* durch Liebe gelöst werden können, durch Liebe, die ihren Ausdruck in Geduld, Nachsicht und gegenseitigem Dienen findet, das heißt, wenn der Mensch in Kameradschaft und Brüderlichkeit mit seinem Nachbarn lebt. Der Mensch beginnt zu lernen, daß das Wohl anderer *vor* dem eigenen Wohl kommt, so daß allmählich aber sicher aus den bitteren Erfahrungen eine brüderliche Gesinnung entsteht.

Durch die Gedanken, die er während seines ganzen Lebens hegt, erschafft sich der Mensch seine Umwelt. Die Gedanken von heute gestalten die Lebensumstände von morgen. Deshalb, wenn die Menschen haßerfüllte Gedanken über andere Nationen hegen und wenn die Intensität dieser kollektiven Gedankenkraft stark genug wird, gibt es Krieg. Dies ist die negative Auswirkung geballter Gedankenkraft. Das ganze Menschenleben beruht auf einer Auseinandersetzung verschiedener Gedankenströme. Das, was du denkst, das wirst du werden. Was die Menschheit heute denkt, wird mit Sicherheit morgen eintreffen. Alles, was in eurer physischen Welt entsteht, ist zuerst in des Menschen Gedankenwelt erschaffen worden.

Allumfassende Liebe

Wir kommen zu euch und bringen eine Liebe, die wir nicht in Worten auszudrücken vermögen. Wir können lediglich bitten, daß uns der große Geist der Liebe als Werkzeug gebraucht, um euch die allumfassende Liebe und den mächtigen Schutz Gottes, den ihr so bitter nötig habt, verständlich zu machen. Wir sprechen sowohl zu euch allen, wie auch zu jedem einzelnen von euch, denn wir kennen eure Befürchtungen, eure Ängste und den Hunger eures Herzens. Wir wünschten, wir könnten euch von eurem erdgebundenen Bewußtsein befreien, das euch so oft gefangen hält.

Denkt nie, daß es uns nicht möglich sei, eure Probleme, die Ermüdung eures Körpers und die Furchtsamkeit eures Gemütes zu verstehen. Denkt nie, daß uns eure materiellen und psychischen Schwierigkeiten gleichgültig seien. Jedes Geheimnis eurer Seele ist den Meistern bekannt. Sie, die Meister, arbeiten als eine Einheit, in völliger Übereinstimmung miteinander. Doch wenn sie sich der Ebene der Menschen nähern, hat jeder sein eigenes Betätigungsfeld. Auf der höchsten Ebene hingegen sind alle Meister EINS. Dies ist so, weil die Seele des Meisters mit dem Universalgeist der Wahrheit in voller Übereinstimmung steht. Von diesem Zentrum der Wahrheit gehen Strahlen aus, die das ganze Universum und jedes individuelle Leben einhüllen.

Christus und seine Engel sind nicht so fern, wie du denkst. Du hast die Kraft, auch jetzt in diesem Moment, alles zu lassen und ihm, dem Christus zu folgen, um bei ihm in seiner hohen Schwingung zu sein. Versuche dich daran zu erinnern, ganz besonders wenn du von materiellen Sorgen und Schwierigkeiten bedrückt bist, denn gerade dann ruft er dich und sagt: «Lasse alles und folge Mir, denn

ICH BIN der Weg, die Wahrheit und das Leben.»

Die Menschen machen einen großen Fehler, wenn sie sich den Himmel als «weit entfernt» vorstellen, als jenseits ihrer Reichweite. Der Himmel ist inwendig im Menschen und er muß ihn finden, solange er noch im physischen Körper weilt. Dann wird er bestimmt in eine himmlische Ebene hinüberwechseln, wenn er bei seinem Tod sein irdisches Gewand abstreift.

Der Sinn der Einsamkeit

Denke nie, daß du mit deinen Schwierigkeiten allein bist. Wir denken an alle, die gerade jetzt in ihrer Verwirrung nicht wissen, wohin sie sich wenden sollen. Für eine Zeitlang lebst du, als hättest du eine Binde vor den Augen. Sei im Frieden mit dir selbst und sehne dich mit allen Fasern danach, Gottes Diener zu sein. Bete um innere Ruhe und erwarte Seine Anweisungen. Alles ist Gott und Seinen Boten bekannt.

Während keine Seele in völliger Isolierung gelassen wird, muß dennoch jede Seele durch ihre Einweihung ganz alleine gehen. Ebenso muß jede Seele allein von einer Lebensstufe zur nächsten wechseln. Dieses Alleinsein ist es, das die Seele allmählich zum Fortschritt drängt.

Am Anfang ist die Seele wie ein Kind. Sie meint, sie genüge sich selbst und könne alles alleine fertig bringen. Sie meint, sie sei fähig, die Irrwege des Lebens allein zu meistern. Durch Einsamkeit entdeckt sie die wahre Quelle ihrer Kraft. Zu gewissen Zeiten muß die Seele ganz allein sein, denn wenn die lang verschlossenen Augen endlich aufgehen und eine Bewußtseinserweiterung stattfindet, muß sie in der Einsamkeit sein. Vielleicht bist du gerade jetzt, in dieser Zeit der Gebundenheit mit Absicht dir selbst überlassen, damit sich deine innere Kraft, dein Glaube an Gott entwickeln kann.

Was ist Glaube? Glaube ist ein *inneres Wissen*, daß Gott es nie an Güte und Liebe fehlen läßt. Jede Seele muß diesen Glauben an Gott entwickeln, nicht nur dieses innere Wissen, daß Gott Liebe ist, sondern auch den Glauben an den Gott in *ihrem Inneren*. Eingeschlossen im Materialismus, wie dies der Fall ist, wirst du sehr leicht in die Irre geführt. Es ist so, als ob ein Vorhang dein geistiges Wahrnehmungsvermögen verdunkelt hätte. Aus diesem Grunde erscheinen dir irdische Belange so viel wichtiger als die himmlischen. Dein wahres Selbst ist im Rumpf deines Lebensschiffes eingekerkert. Es ist das Schiff deiner Seele, das auf den bewegten Meereswogen deiner Emotionen hin und her geworfen wird, bis du in deiner Verzweiflung rufst, um den Kapitän des Schiffes, den Christus, zu wecken. Augenblicklich erhebt er sich und sagt: «Friede sei mit dir», und die turbulenten Emotionen beruhigen sich und alles ist friedlich.

Innere Welten

Eurem begrenzten Sinn ist es unmöglich, den Ewigkeitsbegriff zu erfassen. Doch ihr dürft uns glauben, wenn wir euch sagen, daß ihr tief in eurem Inneren Welten von unglaublicher Vollkommenheit wahrnehmen könnt. Wenn ihr lernt eure Ängste, Befürchtungen und Emotionen zu beherrschen, wenn ihr lernt in das Heiligtum des Friedens einzutreten, werden euch die Schönheiten dieser Welten enthüllt.

In der Offenbarung Johannes gibt es eine Beschreibung der «Goldenen Stadt» mit goldenen Straßen und Toren voller Juwelen, das neue Jerusalem. Was anderes ist diese Stadt als eine Schilderung des inneren Selbst, der reinen Seele des Eingeweihten? Seine Gestalt ist hier durch den Tempel symbolisiert, seine Chakras oder Seelenfenster sind die mit herrlichen Juwelen ausgestatteten Tore, sein Herz ist der Thron des Lammes Gottes, des Christus. Auch im Johannes-Evangelium könnt ihr eine klare Darstellung finden von der langen Reise der Seele durch das sterbliche Leben, wie auch von den himmlischen Räumen, die euch erwarten.

Der irdische Verstand kann diese Dinge noch nicht verstehen, denn das Verständnis des Menschen ist begrenzt durch seine Beharrlichkeit, nur für sich selbst zu leben. Doch einige bemühen sich für andere zu leben und ganz wenige möchten nur für Gott, in Gott und mit Gott leben. Einige von ihnen können für Augenblicke den Saum Seines Gewandes berühren. Dann sind sie *Wissende*. Wahrlich, diese Dinge, von denen wir reden, sind die Dinge, auf die es ankommt, sowohl in eurem als auch in unserem Leben.

Wir, die wir aus einer geistigen Sphäre zu euch sprechen, sind voller Liebe und Mitgefühl, denn wir sehen euch in Gefangenschaft, eingekerkert in einen Materialismus, aus dem ihr euch sehnt, ausbrechen zu können. Meine Freunde, euer Gefängnis habt ihr selber gewählt und es sind genau die richtigen Umstände, die eure Seele braucht, um sie für die Einweihung vorzubereiten. Wir wissen, daß ihr euch nach jenen Erkenntnissen sehnt, die allein imstande sind, euch frei zu machen, und daß euch danach verlangt, nahe bei Gott zu sein. Ihr wünscht diese Erkenntnisse, um bessere Diener der Menschheit werden zu können, fühlt aber gleichzeitig, wie gering euer Fortschritt ist. Wenn ihr euch aber in einem Jahr, von heute an gerechnet, sehen könntet, und wenn ihr den Wert eurer Erfahrungen besser einzuschätzen wüßtet, dann würdet ihr sagen: «Ich danke Dir Gott, für alle Erfahrungen, die mir geholfen haben, ein gutes Stück voran zu kommen.»

Doch da ihr auf Erden sozusagen mit verbundenen Augen, d. h. ohne Kenntnisse, was vorher war und später geschehen wird, herum läuft, müßt ihr an diesen Fortschritt vorerst einmal *glauben*. Maßgebend ist eure Einstellung, eure Haltung den Schwierigkeiten, Problemen und Behinderungen gegenüber. Diese Haltung ist es und nicht der Tod, die euch letztendlich von den Begrenzungen des irdischen Lebens befreien wird.

Wie du auf Erden bist, so bist du auch in der

Welt des Geistes, wo deine Führer, deine Lehrer und deine Lieben weilen. Sie kommen zu dir, um dir ihre Liebe zu geben, dir zu helfen und dich aufzurichten, wenn du verzweifelt bist.

Übrigens – wenn du dich dem inneren Licht öffnen kannst, glätten sich allmählich die «Runzeln» deines physischen Gewandes – deine Beschwerden werden verschwinden. Die Menschen altern frühzeitig, weil sie ihre Emotionen nicht beherrschen können und weil sie sich erlauben, von ihren Ängsten und Befürchtungen in Besitz genommen zu werden. Sie werden krank, weil nervöser Streß allmählich ihren Körper überfordert. Wenn du dich stets auf das große weiße Licht ausrichten wolltest, gäbe es für dich keine Krankheit mehr.

Bruderschaft

Dies ist das Bild, das wir von eurer Welt und deren Menschheit entwerfen möchten: Jede menschliche Seele, auf welcher Stufe sie auch stehen mag, ist mit anderen Seelen wie Glieder einer Kette verbunden. Über allen steht der Schutz einer unsichtbaren Bruderschaft edler Seelen, welche die Menschheit betreuen. Dem Menschen ist es möglich, von diesen Brüdern Botschaften zu erhalten. Stufe um Stufe kommt eine solche Botschaft zu euch herab. Während wir sprechen, sind wir uns bewußt, daß wir von anderen höheren Wesen beeinflußt werden, welche euch auf diese Art ihre Wahrheit übertragen wollen. Wiederum hinter und jenseits dieser Wesen

sind andere und wieder andere – und so fort –
durch die Sphären. Von der Erde bis zum Himmel
spannt sich diese Kommunikationskette.

Jeder von euch hat seinen eigenen geistigen
Führer und seinen eigenen Schutzengel. Ihre Hilfe
kann all deine Erwartungen und Träume übertref-
fen, wenn du in Demut in dein inneres Heiligtum
einkehrst, um zu beten. Bete nicht aus Selbstmitleid
und auch nicht aus Selbstgefälligkeit, sondern
damit du ausgerüstet bist, ein wahrer Diener der
Menschheit zu werden. Du hast ja vor dir das Beispiel der Großen, welche der Menschheit über die
Jahrtausende hindurch dienten. Einst waren sie
Männer und Frauen, die genau wie du fühlten und
lebten.

Dies denn sei deine Lebensweise: Lebe nicht nur
um der eigenen Freude willen, sondern auch um die
Erde zu verschönern, den Menschen Gutes zu tun
und der geistigen Höherentwicklung allen Lebens
voranzuhelfen. Das ist eine Verantwortung, die
jeder lebenden Seele von ihrem Schöpfer auferlegt
wurde, denn der Fortschritt der ganzen menschlichen Gesellschaft hängt von jeder einzelnen Seele
ab, die Hand in Hand mit Gott geht.

Erkenne dich selbst – erkenne Gott

Und nun, bevor wir schließen, möchten wir euch
im Geiste hinauftragen in die Gegenwart von Jesus
dem Christus. Erblickt ihn, wie er dasteht in all
seiner Herrlichkeit, im Kreise der Engelscharen. Er

verkündet dieselbe Botschaft, die von allen Gottes-
boten durch die Jahrtausende verkündet worden
ist: Brüder – liebet einander! Liebet Gott, den All-
mächtigen Ewigen Geist und Seine gesamte Schöpfung. In dieser Liebe werdet ihr die Geheimnisse
eures eigenen Wesens, wie auch alle Geheimnisse
Gottes und des Universums kennen lernen.

Erkenne die Verantwortung, die bei dir liegt und
welch wunderbare Möglichkeiten sich dir bieten.
Erlaube der Dunkelheit auf Erden nicht, dir dein
Geburtsrecht zu rauben, das Geburtsrecht, in ein
Leben des Friedens und Glücks einzugehen, ein
Leben des Dienens und Anbetens Deines Schöpfers.

Friede und große Freude seien mit dir!

WHITE EAGLE BÜCHER

WARUM? (Joan Hodgson)
Ein White Eagle Buch über den Sinn des Erdenlebens
136 Seiten, DM/Sfr. 18.-, 4. Auflage

WER IST WHITE EAGLE (von Walter Ohr)
48 Seiten, DM/Sfr. 10.-, 2. Auflage

DIE GOLDENE ERNTE DER LIEBE (Golden Harvest)
Der Weg der geistigen Erfüllung
64 Seiten, DM/Sfr. 14.-, 3. Auflage

DIE VIER GROSSEN EINWEIHUNGEN (The Path of the Soul)
Wege zu einer inneren Wirklichkeit
88 Seiten, DM/Sfr. 14.-, 2. Auflage

MIT WHITE EAGLE DURCH DAS JAHR
Auslese der markantesten Worte von White Eagle
128 Seiten, DM/Sfr. 19.80, 2. Auflage

GEISTIGE JAHRESZEITEN (The Way of the Sun)
Die spirituelle Bedeutung der Jahreszeiten
120 Seiten, DM/Sfr. 19.80, 1. Auflage

DAS GROSSE WHITE EAGLE HEILUNGSBUCH
(The White Eagle Lodge Book of Health and Healing)
176 Seiten, DM/Sfr. 32.-, 4. Auflage

DIE WHITE EAGLE HEILUNGSPRAXIS
Das große White Eagle Heilungsbuch Bd. 2
312 Seiten, DM/Sfr.38.-, 2. Auflage